Skládáme ubrousky

Krásně poskládaný ubrousek je korunou každé tabule. Ať už je papírový nebo z jemného vliselínu připomínajícího látku či látkový v bílé nebo různobarevný barevně ladící k vašemu nádobí… Vyberte si z modelů uvedených v této knize, zkombinujte skládání, materiál a barvu podle vašich přání a překvapte svou rodinu i své hosty kouzelně prostřeným stolem.

Přejeme vám hodně radosti při skládání i přípravě slavnostní tabule.

Malá nauka o ubrouscích

Existuje celá řada ubrousků z různých materiálů, různých barev a vzorů.

Papírové ubrousky

Papírové ubrousky jsou skutečně cenově výhodné a jsou k dostání v různých barvách a vzorech. Protože jsou většinou velké jen 33 x 33 cm nemůžete je použít k vytvoření všech modelů uvedených v knize.

Ubrousky z vlizelínu

Ubrousky z vlizelínu jsou skvělou náhradou za látkové ubrousky. Jde o ubrousky z materiálu připomínajícího látku, jsou relativně stabilní a rovněž dobře k dostání. Zpravidla jsou velké 40,5 x 40,5 cm a některé jsou i vzorované. Můžete je také žehlit, ale jen za velmi nízké teploty.

TIP NA SKLÁDÁNÍ:
Některé papírové ubrousky jsou již originálně poskládané a protože tyto sklady nelze odstranit, je lepší je skládat tak, jak jste je koupili, abyste využili jejich původní sklady.

Látkové ubrousky

Látkové ubrousky vypadají obzvlášť slavnostně a ušlechtile. Většinou jde o bavlněné ubrousky. Pro skládání jsou vhodné ubrousky velké 50 x 50 cm, můžete však také používat látkové ubrousky velké 40 x 40 cm.

Pro skládání je důležité, aby ubrousky byly dobře naškrobené. Při skládání naškrobených ubrousků pak vzniká zvuk, o němž někdy hovoříme jako o „lámání ubrousku".
Jednotlivé sklady musíte pořádně uhladit či stlačit, aby ubrousek zůstal v požadovaném tvaru.
Čerstvě vyprané látkové ubrousky neuchovávejte složené, zabráníte tak nežádoucím skladům, které by mohly později při ozdobném skládání ubrousků vadit.
Při žehlení či mandlování byste měli dbát na to, aby se ubrousky z jedné strany nevytahovaly, ale měly přesný tvar čtverce, který je pro zdařilé skládání ideální.

Skládáme ubrousky 2

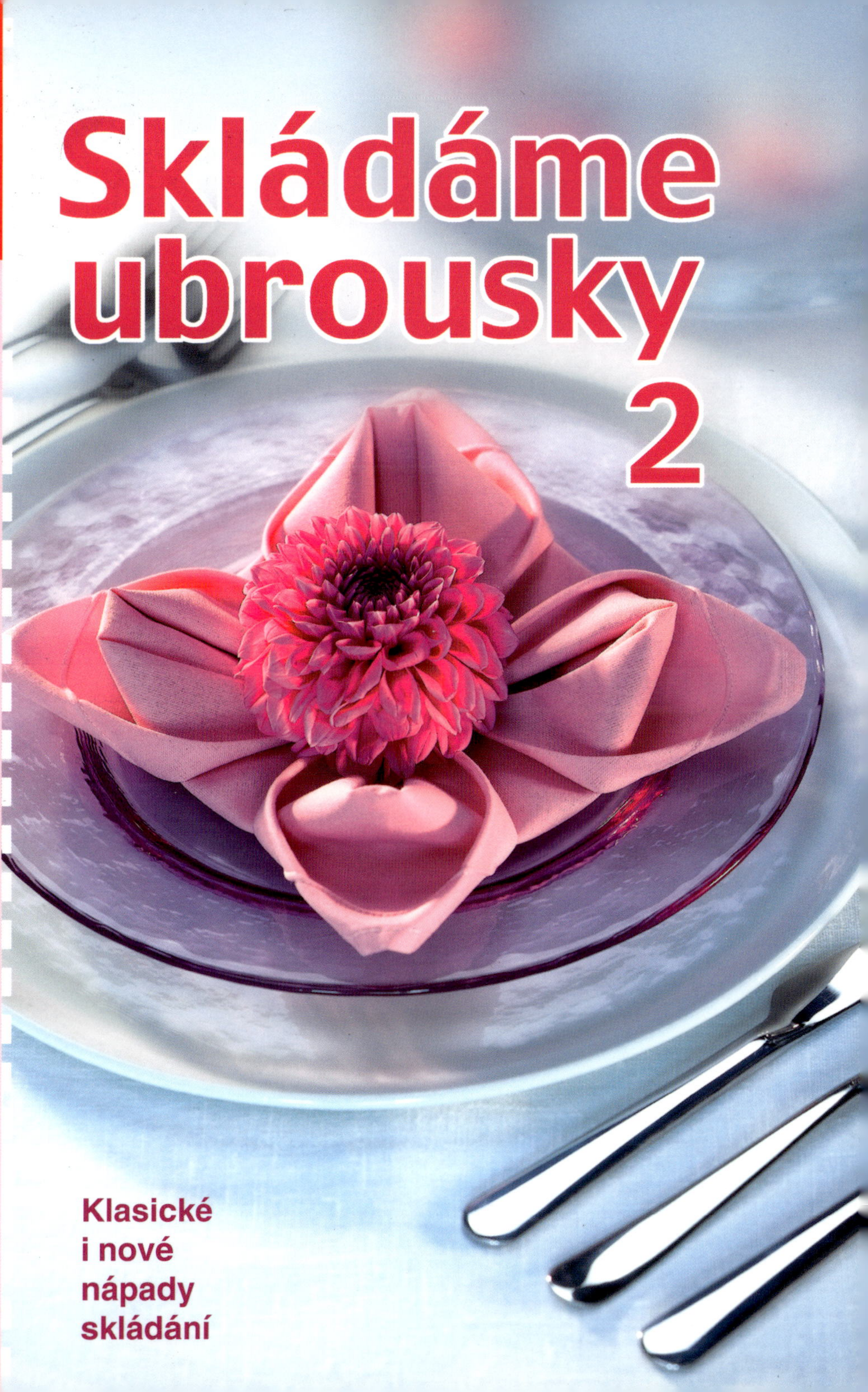

Klasické i nové nápady skládání

Vysvětleno krok za krokem

Jak na to?

1 Motiv překreslete z předlohy na průsvitný papír a vystřihněte jej.

2 Motiv vystřižený z průsvitného papíru položte na vhodný podklad (např. barevný nebo vzorovaný papír), obrysy obkreslete tužkou a motiv vystřihněte.

TIP: Pokud chcete motiv vystřihnout několikrát (např. pro větší společnost), doporučujeme vám vyrobit si nejprve šablonu z tvrdého kartonu. Motiv z průsvitného papíru proto na něj překreslete. Šablony z kartonu jsou tak stabilnější a můžete je k přenesení motivu na ubrousek použít několikrát.

Stočený palmový vějíř

→ **klasika v novém provedení**

MATERIÁL

- bílý látkový ubrousek velký 50 x 50 cm
- modrá hortenzie

1

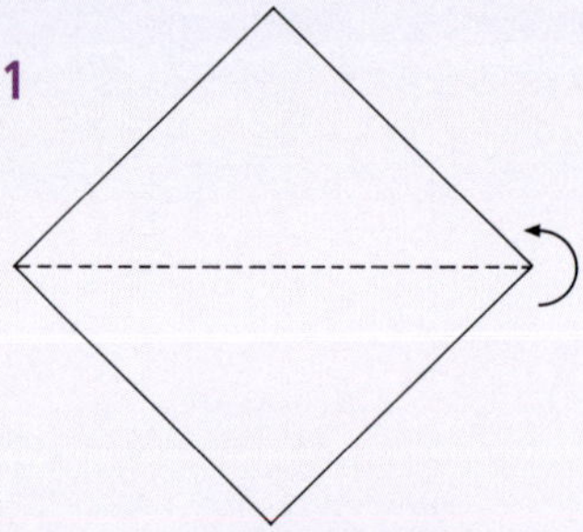

2

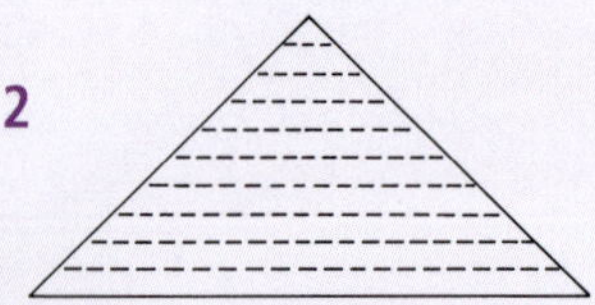

3

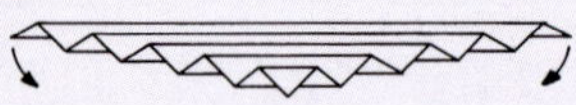

4a

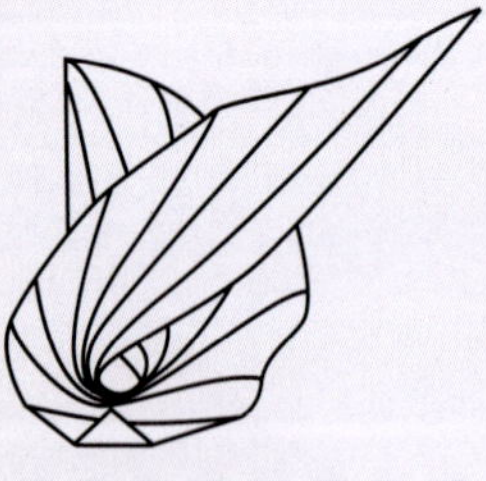

4b

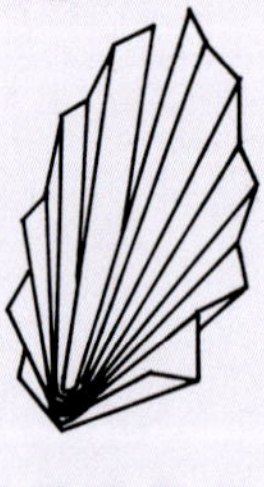

1 Rozložený ubrousek položte před sebe tak, aby jednou špičkou ukazoval k vám, a uprostřed jej přeložte směrem nahoru (nákres 1).

2 Ubrousek poskládejte jako harmoniku – sklady jsou široké asi 2 cm (nákres 2).

3 Poskládaný ubrousek přesně uprostřed přeložte, vnější špičky veďte nahoru a přeložte je jednu přes druhou (nákresy 3 a 4a).

4 Nakonec položte na ubrousek jako dekoraci květ hortenzie.

TIP:

Pokud byste si chtěli vytvořit klasický palmový vějíř, veďte vnější špičky nahoru tak, aby se setkaly. Špičky pak můžete slepit kouskem oboustranné lepicí pásky (viz obrázek a nákres 4b).

Jednoduchý vějíř

→ se střapcem

MATERIÁL

- bílý ubrousek z vlizelínu velký 40,5 x 40,5 cm
- stočená šňůrka se střapcem silná 3 mm, dlouhá 50 cm

1

2

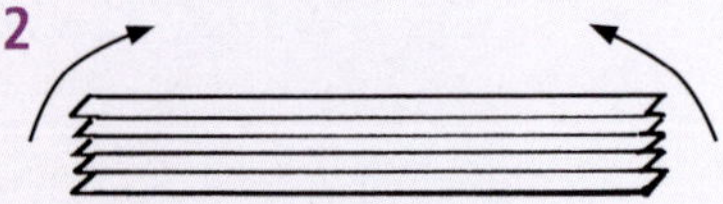

3

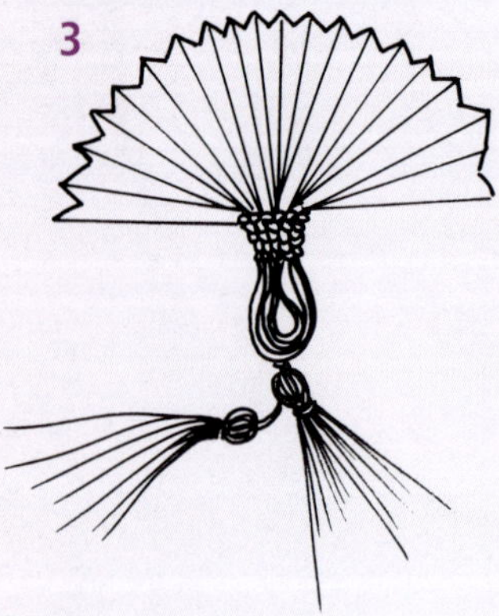

1 Rozložený ubrousek položte před sebe a poskládejte jej zespodu směrem nahoru jako harmoniku (nákres 1).

2 Poskládaný ubrousek uchopte do ruky, uprostřed jej přeložte a vzniklý vějíř svažte šňůrkou se střapcem. (nákresy 2 a 3).

TIP:

Šňůrky se střapcem jsou k dostání v galanteriích.

Přehnutý vějíř

→ rafinovaný

MATERIÁL

- žlutý ubrousek z vlizelínu velký 40,5 x 40,5 cm

1 Rozložený ubrousek položte před sebe a poskládejte jej jako harmoniku střídavě 5x dopředu a dozadu, přičemž jeden sklad je široký 4 cm (nákres 1).

2 Takto poskládaný ubrousek uprostřed úhlopříčně přeložte (nákres 2).

3 Pravý díl přeložte dopředu, levý díl dozadu a jednotlivé sklady roztáhněte (nákres 3).

TIP:

Pokud by vějíř nechtěl dobře stát, můžete jej zpevnit kancelářskou sponkou.

1

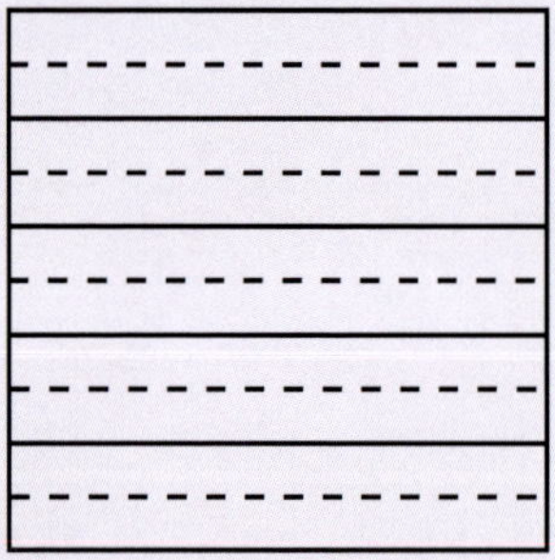

2

3

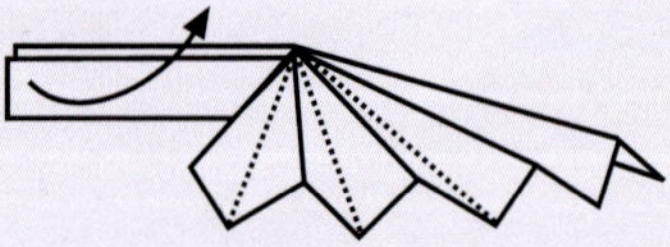

Stojící vějíř

→ pro slavnostní tabuli

MATERIÁL

- bílý látkový ubrousek velký 50 x 50 cm

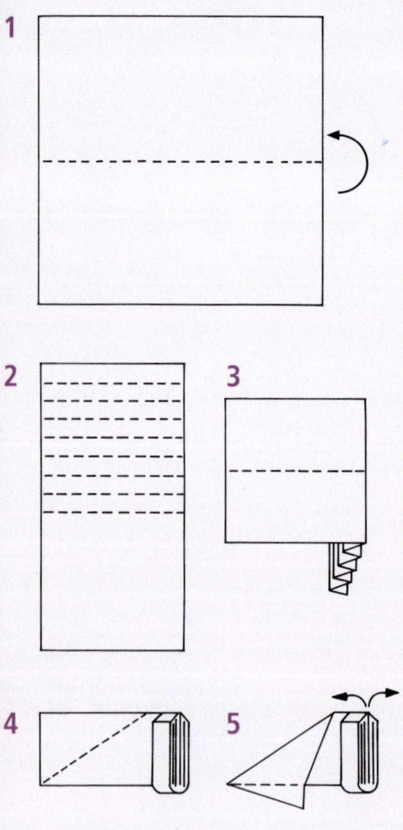

1 Rozložený ubrousek položte před sebe a uprostřed jej přeložte směrem nahoru (nákres 1).

2 Ubrousek položte úzkou stranou před sebe a asi do poloviny jej poskládejte jako harmoniku – sklady jsou široké asi 2 cm (nákres 2).

3 Poskládanou část ubrousku položte dolů a ubrousek uprostřed přeložte (nákres 3).

4 Hladkou část ubrousku přeložte úhlopříčně směrem dopředu (nákres 4).

5 Přečnívající část přeložte dozadu a ubrousek postavte špičkou ukazující nahoru na talíř, jednotlivé sklady pak roztáhněte (nákres 5).

TIP:

Ubrousek můžete položit na talíř také obráceně, tedy špičkou dolů, vznikne tak další varianta tohoto motivu.

Čepice se skladem

→ oblíbený motiv

MATERIÁL

- červený ubrousek z vlizelínu s motivem růží velký 40,5 x 40,5 cm

1

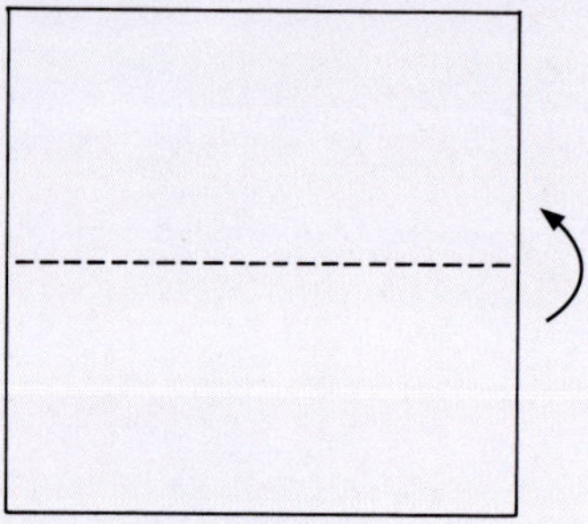

2

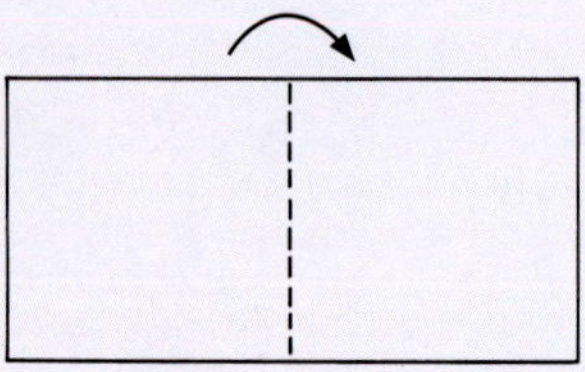

3 4

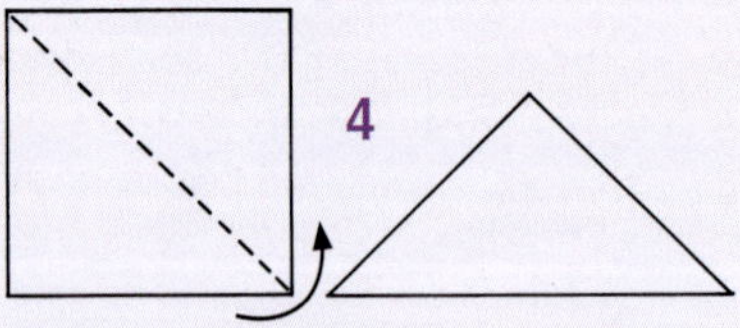

5 6 7

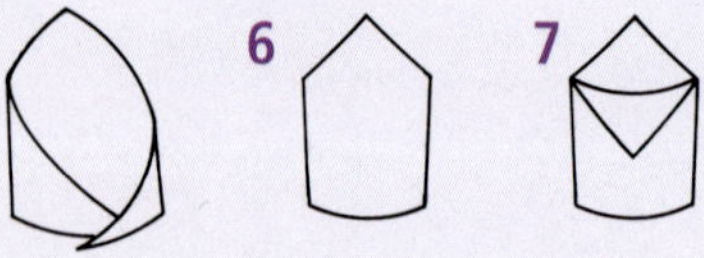

1 Rozložený ubrousek položte před sebe a přeložte jej uprostřed směrem nahoru (nákres 1).

2 Ubrousek pak přeložte uprostřed ještě jednou směrem doprava (nákres 2).

3 Čtverec přeložte úhlopříčně podle přerušované čáry nahoru – vznikne trojúhelník (nákresy 3 a 4).

4 Postranní špičky přeložte dozadu a zastrčte je do sebe (nákresy 5 a 6).

5 Přední trojúhelník nakonec přeložte směrem dolů (nákres 7).

TIP:

Tento model sice vypadá jednoduše, ale i přesto je velmi atraktivní a je také vhodný pro větší společnost.

Špičatá čepice

→ jednoduchá, ale působivá

MATERIÁL

- ubrousek z vlizelínu s motivy květin lososové barvy velký 40,5 x 40,5 cm

1

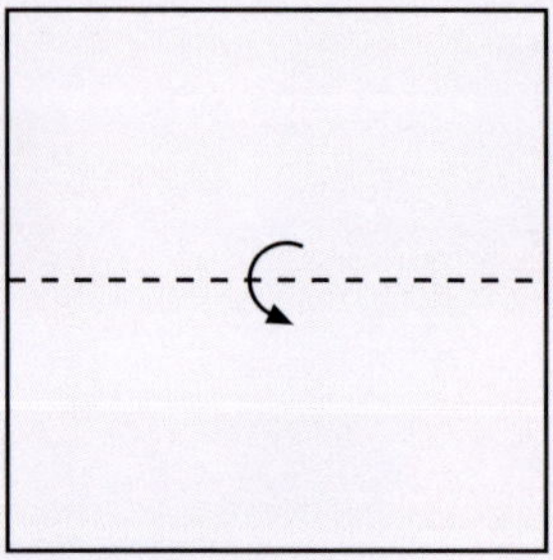

2

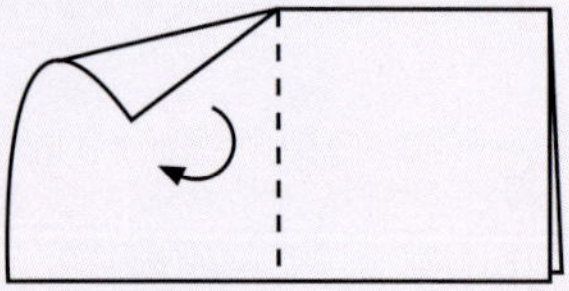

3

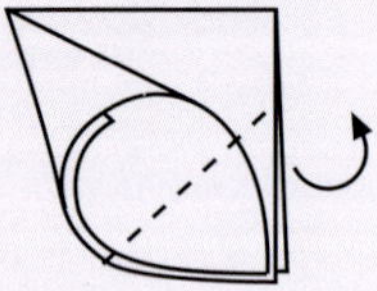

4

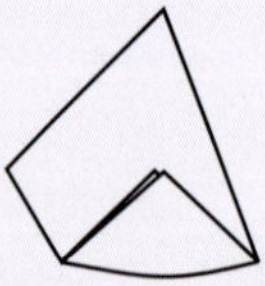

1 Rozložený ubrousek položte před sebe a přeložte jej uprostřed směrem nahoru (nákres 1).

2 Vyznačte si střed a levou polovinu srolujte ke středu jako kornout (nákres 2).

3 Kornout srolujte přes pravou stranu ubrousku tak, aby špička ležela na špičce (nákres 3).

4 Kornout obraťte a spodní špičku přeložte směrem nahoru. Jedna špička stojí volně směrem ven (nákres 4). Ubrousek lehce roztáhněte a postavte na talíř.

TIP:

Tento model lze rovněž vypracovat s jakýmkoli papírovým ubrouskem. Model bude jen menší.

Flétna

→ na večírek

MATERIÁL

- papírový ubrousek s barevným proužkovaným vzorem velký 33 x 33 cm

1
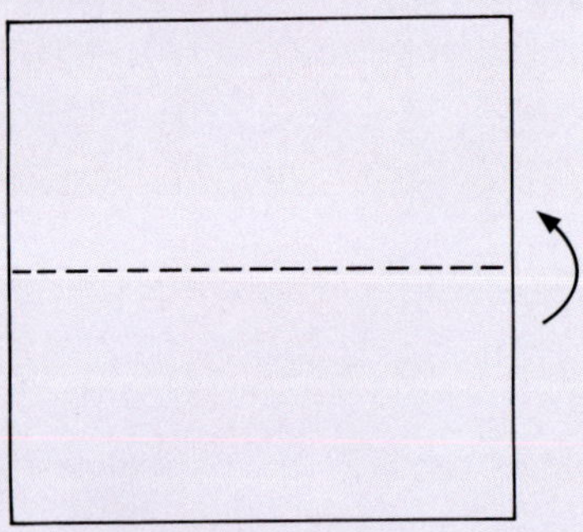

2
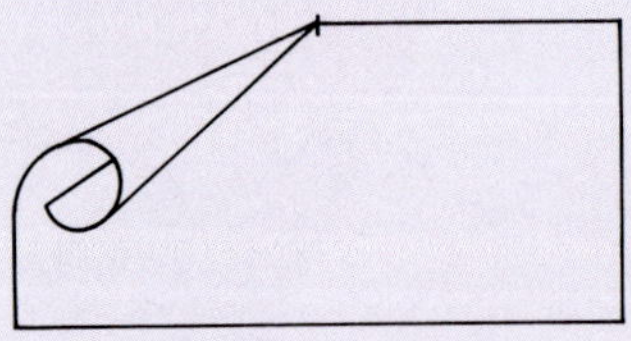

3
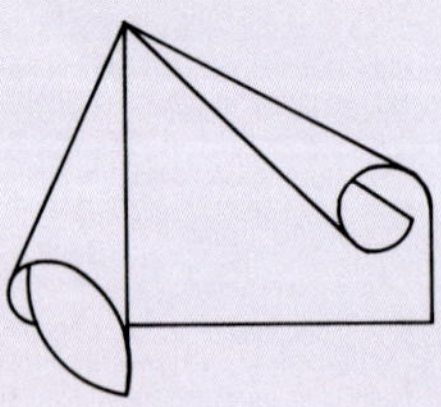

1 Ubrousek položte před sebe a přeložte jej přesně uprostřed směrem nahoru (nákres 1).

2 Vyznačte si střed obdélníku: ubrousek proto v polovině přeložte a znovu rozevřete. Nyní horní levý roh ubrousku úhlopříčně srolujte ke středu jako kornout (nákres 2).

3 Pravou stranu srolujte rovněž ke středu (nákres 3).

TIP:

Ubrousek vypadá nádherně ve vysoké sklenici.

Mašle

→ **nápaditá**

MATERIÁL

- papírový ubrousek s květinovým vzorem na jedné straně a bílý na straně druhé velký 33 x 33 cm
- růžová stužka široká 1 cm dlouhá 50 cm

1

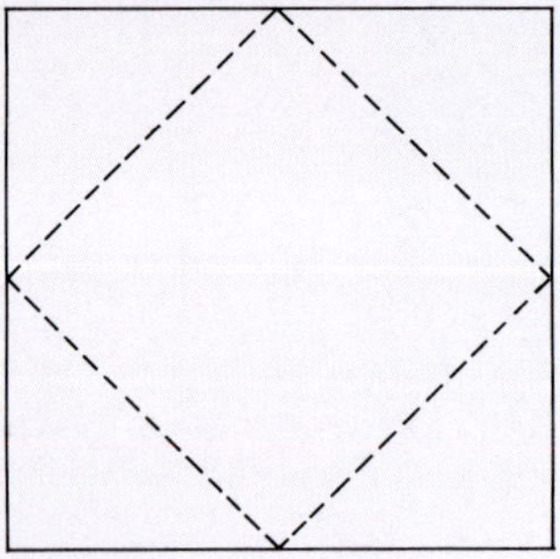

2

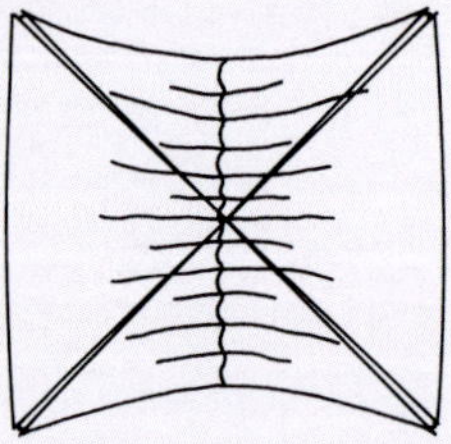

3

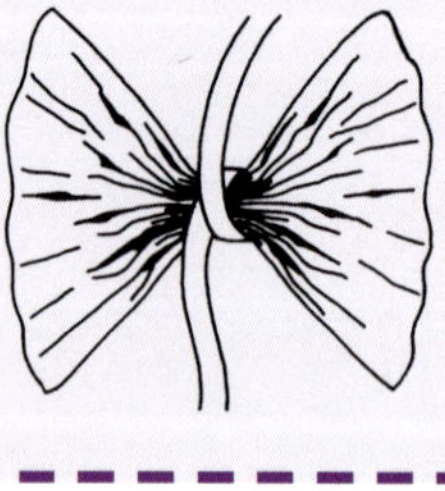

1 Rozložený ubrousek položte před sebe tak, aby bílá rubová strana ubrousku ležela nahoře. Všechny čtyři rohy pak přeložte ke středu (nákresy 1 a 2).

2 Střed nařaste a převažte růžovou stužkou (nákres 3).

TIP:

Mašli můžete svázat také jinými šňůrkami nebo stužkami, příp. na ně zavěsit cedulku se jménem – ubrousek pak slouží i jako jmenovka.

1
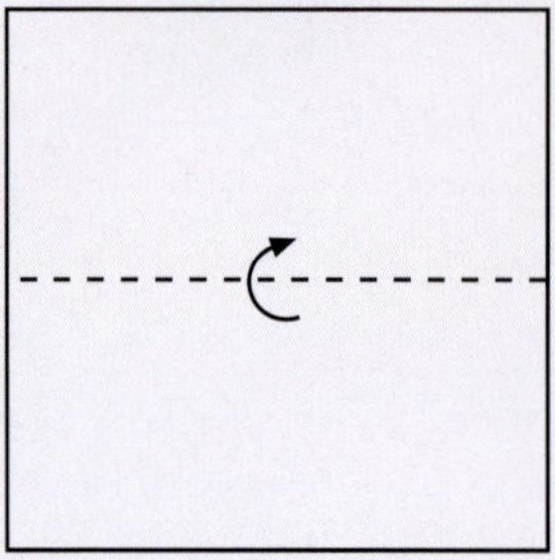

2
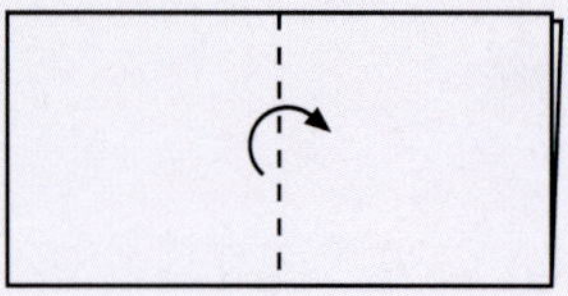

3
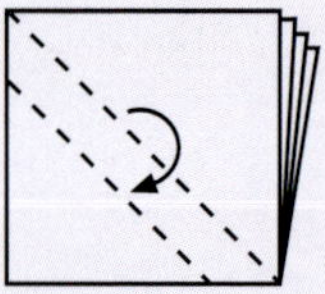

4
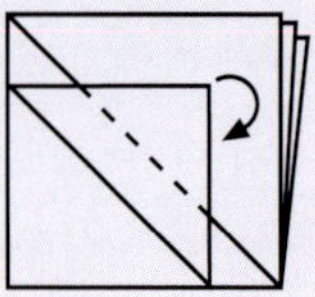

5
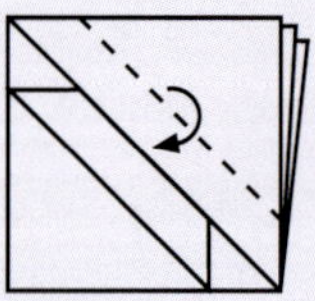

6
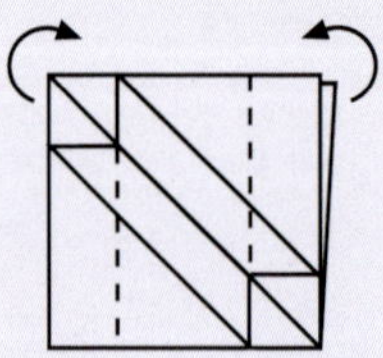

7
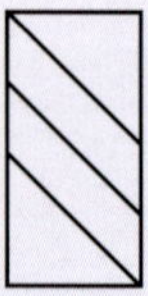

Kapsa

→ **rafinovaná**

1 Rozložený ubrousek položte před sebe, rubová strana ubrousku leží nahoře. Ubrousek pak přesně uprostřed přeložte směrem nahoru a ještě jednou směrem doprava (nákresy 1 a 2).

2 Všechny otevřené strany leží vpravo nahoře. První horní vrstvu ubrousku přeložte asi do poloviny směrem dolů, pak znovu směrem nahoru a špičku zastrčte přes hlavní úhlopříčku dovnitř (nákresy 3 a 4).

3 Následující otevřenou vrstvu ubrousku přeložte jednou směrem dolů a zastrčte ji pod již ohnutý díl tak, aby vznikly dva přes sebe ležící proužky (nákres 5).

4 Levou a pravou stranu ubrousku ohněte dozadu, vznikne tak úzký obdélník (nákresy 6 a 7).

TIP:
Kapsu můžete ozdobit rovněž malým květem nebo větvičkou, vypadá také nádherně.

MATERIÁL
- krémový látkový ubrousek velký 50 x 50 cm

Lotosový květ

→ s troškou šikovnosti

MATERIÁL

- růžový látkový ubrousek velký 40 x 40 cm
- jiřina růžové barvy

1

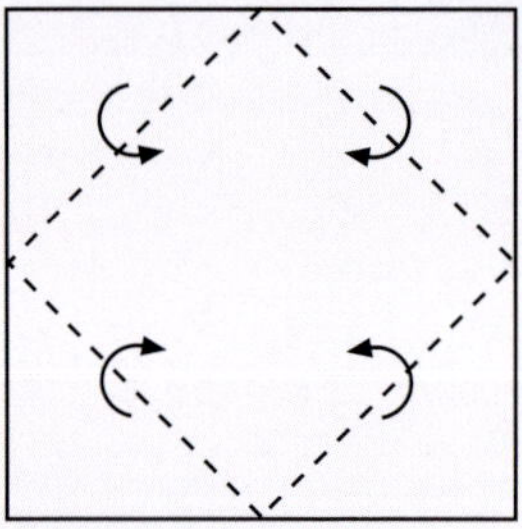

2

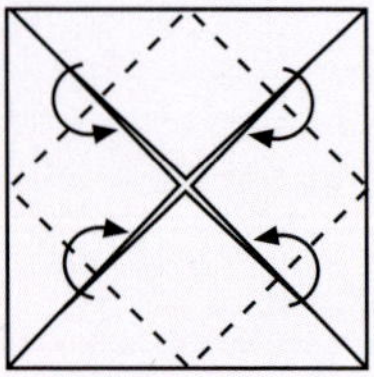

3

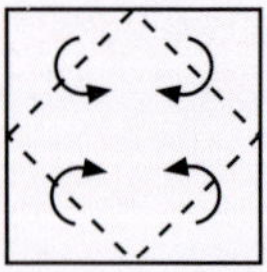

4

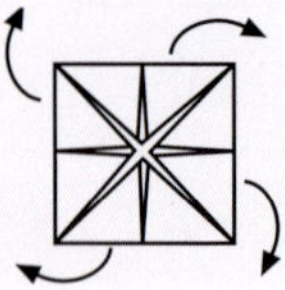

1 Rozložený ubrousek položte před sebe a čtyři rohy přeložte ke středu (nákres 1). Špičky se musí přesně ve středu setkat.

2 Tento postup opakujte ještě jednou (nákres 2).

3 Ubrousek obraťte a rohy znovu složte ke středu (nákres 3).

4 Špičky, které leží pod rohy, opatrně vytáhněte (nákres 4), přičemž prsty přidržte střed (viz obrázek).

5 Na poskládaný ubrousek pak položte květ jiřiny.

TIP:

Místo květu můžete do středu ubrousku položit třeba i sladkosti.

MATERIÁL

- růžový látkový ubrousek velký 50 x 50 cm

Páv

→ **působivý**

1 Rozložený ubrousek položte před sebe, přičemž rubová strana leží nahoře. Ubrousek pak uprostřed přeložte směrem nahoru (nákres 1).

2 Ubrousek pak ještě jednou uprostřed směrem doprava přeložte (nákres 2).

3 Horní vrstvu ubrousku poskládejte od špičky ke středu jako harmoniku (nákresy 3 a 4) a takto vzniklý vějíř pevně stlačte.

4 Ubrousek nyní podle svislé středové linie přeložte směrem dozadu na trojúhelník (nákresy 5 a 6).

5 Volné konce ohněte směrem dozadu a zasuňte do sebe (nákres 7). Poskládaný vějíř se pak roztáhne (nákres 8).

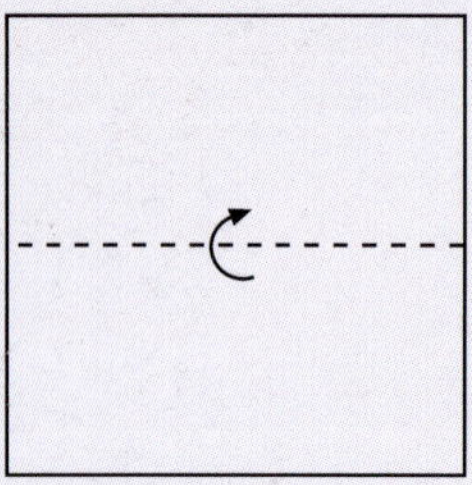
1

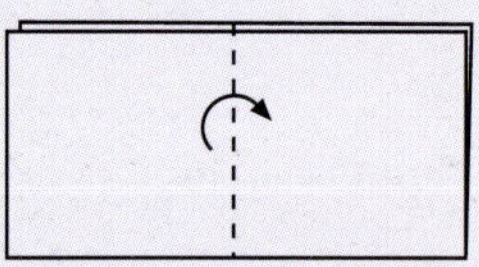
2

3
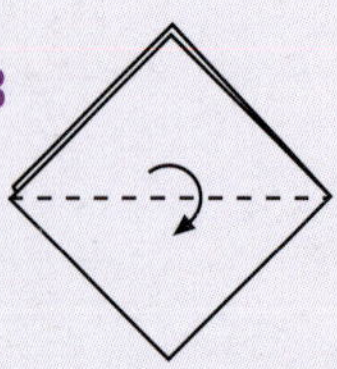

4
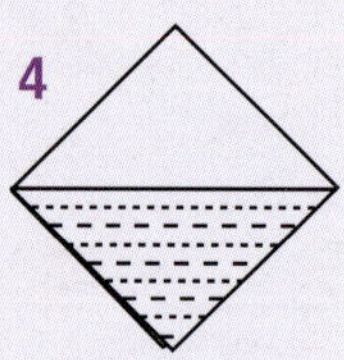

5
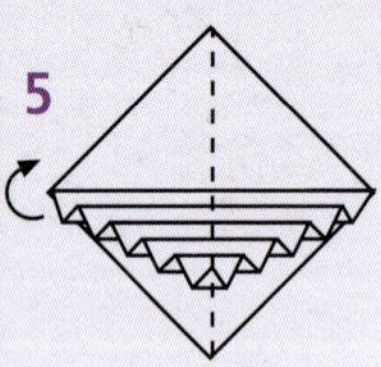

6
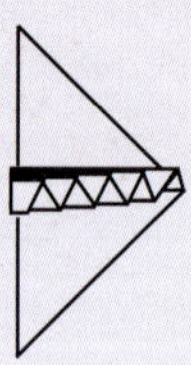

7
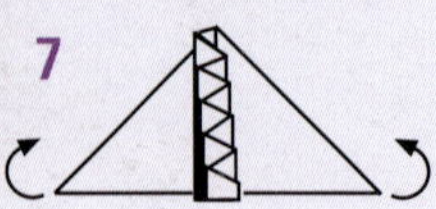

8

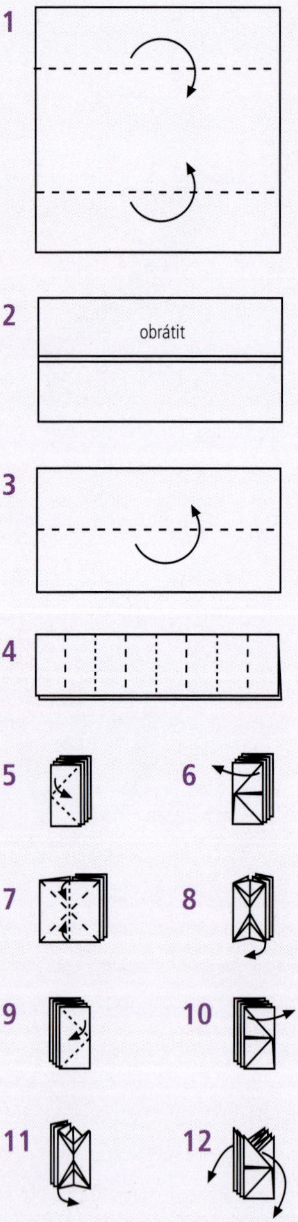

Hvězda

→ pro zvláštní příležitosti

MATERIÁL

- látkový ubrousek meruňkové barvy velký 50 x 50 cm

1 Rozložený ubrousek položte před sebe rubovou stranu nahoru. Horní třetinu ubrousku přeložte ke středu, spodní třetinu pak rovněž ke středu (nákresy 1 a 2).

2 Ubrousek obraťte a přeložte jednou napůl směrem nahoru (nákres 3). Otevřené strany leží dole.

3 Vzniklý úzký proužek poskládejte zleva doprava střídavě jednou dopředu a jednou dozadu, sklady jsou široké asi 6 cm (nákres 4).

4 Poskládaný ubrousek uchopte na konci pevně do ruky. Jednotlivé špičky dole ležících skladů spodní a horní hrany vytáhněte jednotlivě nahoru a dolů (nákresy 5 a 6), dokud hrany těchto skladů neleží na skladových liniích předchozích skladů (nákres 7). Přitom ubrousek pokaždé, co špičky vytáhnete, znovu pevně stlačte, aby se vytvořily malé úhlopříčné sklady špiček.

5 Ubrousek obraťte (nákres 8) a poskládejte jej stejně, dole ležící špičky skladů vytáhněte podle horní a spodní hrany nahoru a dolů (nákresy 9, 10 a 11). Rovněž tyto špičky vždy pevně stlačte.

6 Hotovou hvězdu položte na talíř a horní díl opatrně ze strany roztáhněte (nákres 12). Hvězda nyní stojí na poskládané spodní hraně a po stranách ohnutých špičkách, které slouží jako podpěra.

TIP:

Na tento model musíte použít opravdu velmi dobře naškrobený ubrousek.

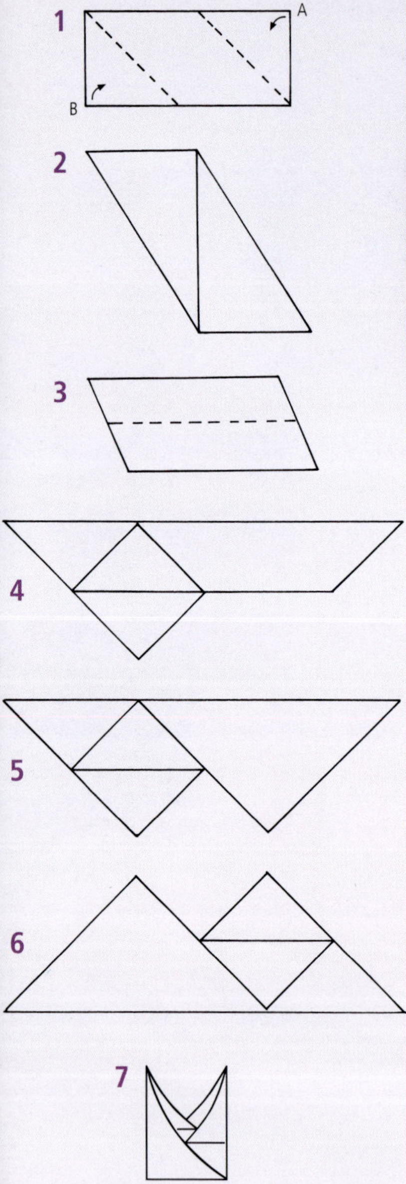

Čepice s obilím

→ **originální**

MATERIÁL

- bílý látkový ubrousek velký 50 x 50 cm
- květináč s obilím o ∅ 8 cm

1 Rozložený ubrousek položte před sebe a uprostřed jej zespodu směrem nahoru přeložte. Otevřená strana ukazuje nyní nahoru. Pak podle nákresu přeložte špičku A směrem dolů a špičku B směrem nahoru (nákresy 1 a 2).

2 Ubrousek obraťte a otočte tak, aby dlouhé strany ležely horizontálně. Nyní jej přeložte podélně na polovinu směrem nahoru (nákres 3).

3 Dole ležící levá špička ukazuje dolů (nákres 4).

4 Pravou špičku roztáhněte (nákres 5).

5 Ubrousek otočte (nákres 6) a vnější špičky do sebe zasuňte (nákres 7).

6 Květináč s obilím vložte do čepice.

TIP:

Obilí si můžete v květináči vypěstovat sami. Nezapomeňte je nasít asi o 14 dní dříve, aby pěkně vzrostlo.

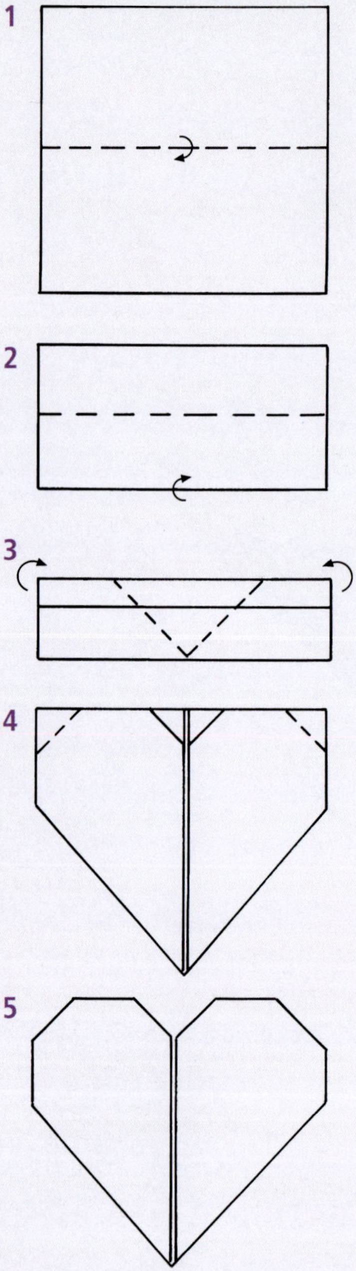

Srdce

→ na svatbu nebo romantický večer

MATERIÁL

- červený papírový ubrousek se vzorem růží velký 33 x 33 cm
- červená šňůrka silná 7 mm dlouhá 50 cm

1 Rozložený ubrousek položte před sebe a přeložte jej uprostřed směrem dolů (nákres 1).

2 Spodní hranu vzniklého obdélníku přeložte nahoru tak, aby ležela asi 2,5 až 3 cm pod horní hranou (nákres 2).

3 Strany od středového bodu spodní hrany složte úhlopříčně nahoru tak, aby ohnuté spodní hrany ležely přes střed svisle (nákres 3).

4 Vnitřní a vnější rohy konců přeložte směrem dozadu a pevně uhlaďte (nákresy 4 a 5).

5 Ze šňůrky udělejte smyčku a položte ji volně na ubrousek.

TIP:

Místo šňůrky můžete použít také okvětní lístky růží.

1

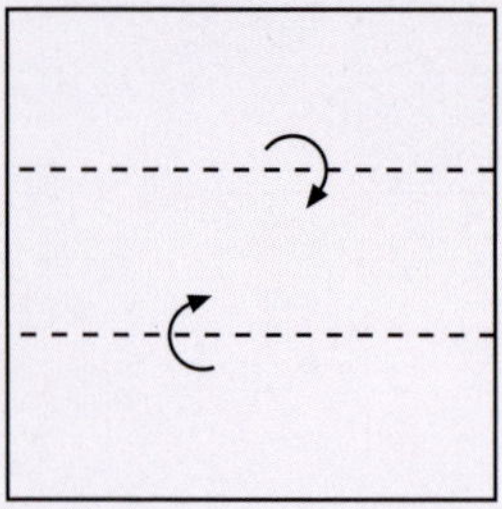

2

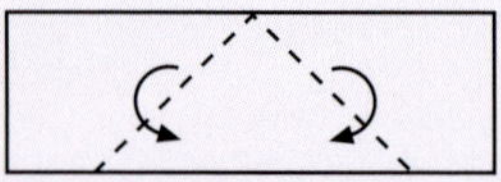

3

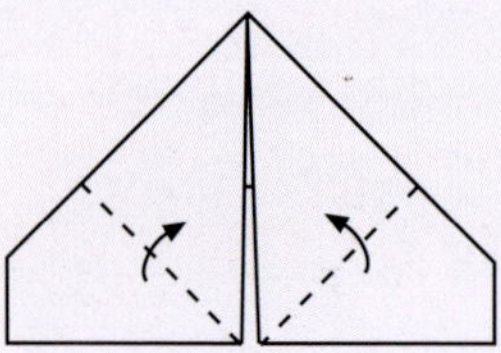

4

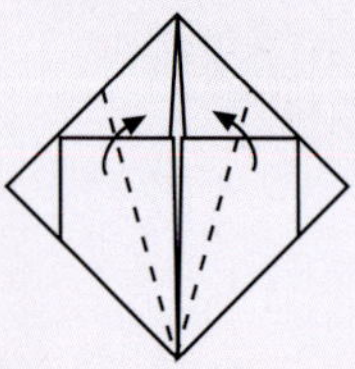

5

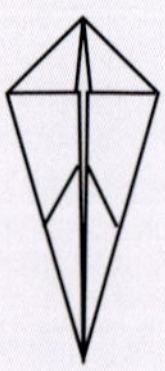

6

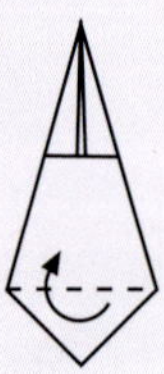

7

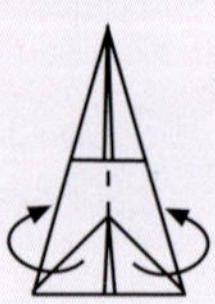

8

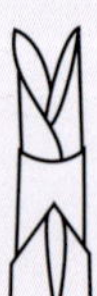

Zajíc

→ **pro velikonoční tabuli**

MATERIÁL

- hnědý ubrousek z vlizelínu velký 40,5 x 40,5 cm

1 Rozložený ubrousek položte před sebe. Spodní díl ubrousku z jedné třetiny přeložte nahoru a horní díl z jedné třetiny dolů (nákres 1).

2 Obě poloviny horní hrany přeložte ke svislé středové linii směrem dolů (nákres 2).

3 Pravý a levý spodní roh přeložte ke středové linii (nákres 3).

4 Pravou a levou hranu přeložte ke středové linii (nákres 4).

5 Ubrousek obraťte, otočte o 180 ° a spodní špičku přeložte nahoru (nákresy 5 a 6).

6 Figurku podle svislého středu složte napůl (nákres 7).

7 Palcem pak vjeďte do uší, trochu je otočte a roztlačte.

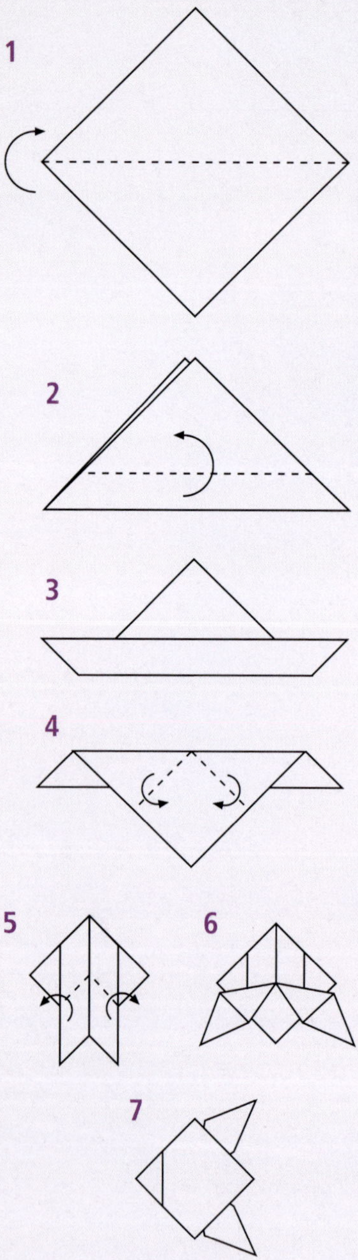

Ryba

→ hodí se k rybě

MATERIÁL

- modrý látkový ubrousek velký 40 x 40 cm
- zbytek bílého tvrdého papíru
- černý fix

1 Rozložený ubrousek položte před sebe tak, aby jeho špička ukazovala k vám. Ubrousek pak přesně uprostřed přeložte směrem nahoru (nákres 1).

2 Na rovné straně trojúhelníku přeložte ubrousek 3 cm nahoru (nákresy 2 a 3).

3 Ubrousek otočte a pravou a levou špičku trojúhelníku přeložte na spodní špičku (nákres 4).

4 Špičky směřující dolů přeložte doprava a doleva jako ploutve (nákresy 5 a 6). Rybu obraťte (nákres 7) a položte na ni oko vystřižené z bílého tvrdého papíru a černým fixem domalovanou oční panenkou.

TIP:

Místo oka z tvrdého papíru můžete položit pohyblivé očko.

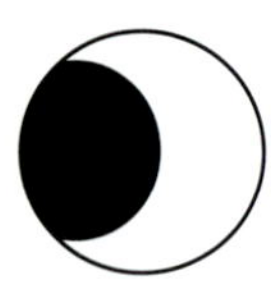

předloha
oko

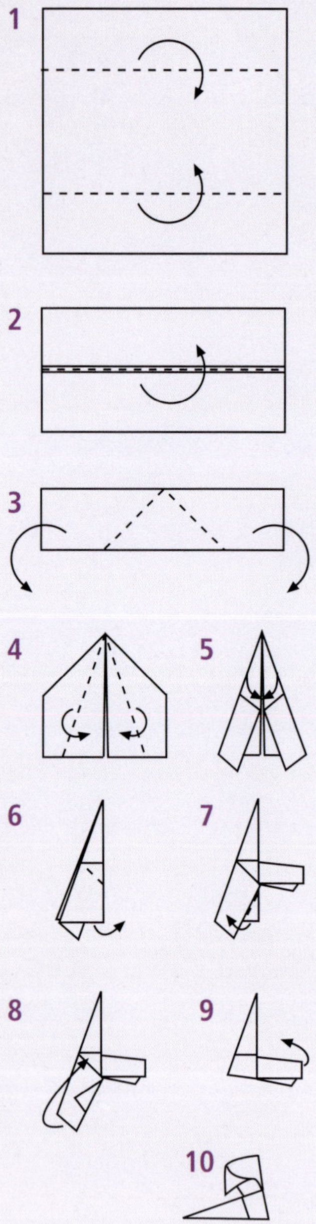

Bota

→ **pro Mikuláše nebo jen tak**

MATERIÁL

- červený ubrousek z vlizelínu velký 40,5 x 40,5 cm

1 Rozložený ubrousek položte před sebe. Horní čtvrtinu přeložte ke středu směrem dolů, spodní čtvrtinu pak ke středu směrem nahoru (nákres 1).

2 Spodní hranu přeložte ke středu k horní hraně (nákres 2).

3 Obě poloviny horní hrany přeložte směrem dolů ke středové linii (nákres 3).

4 Obě poloviny pak přeložte ještě jednou ke středu (nákres 4).

5 Obě poloviny položte na sebe (nákres 5).

6 Dole ležící špičku přeložte směrem nahoru vpravo (nákres 6).

7 Špičky, které zůstaly ležet, přeložte směrem nahoru (nákresy 7 a 8) a zastrčte je do skladu.

8 Botu postavte na talíř a její lem ohněte (nákresy 9 a 10).

TIP:
Do boty můžete vložit oříšky, větvičku nebo sladkosti.

1
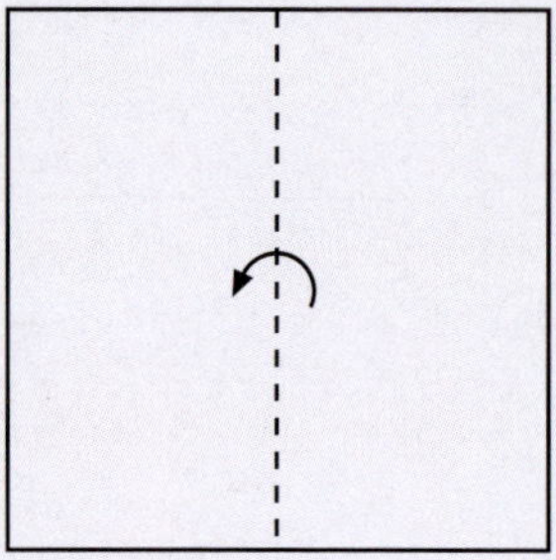

2
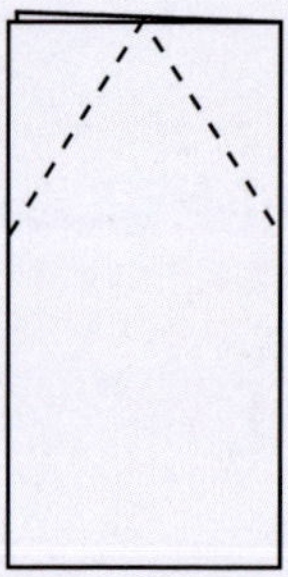

3
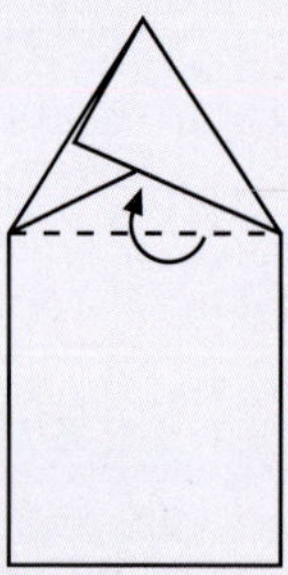

4
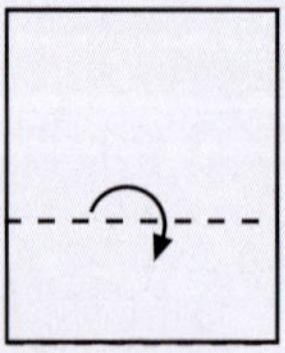

5
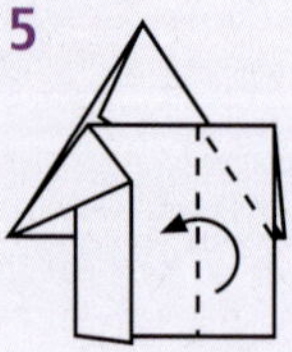

Jedlička

→ na vánoční stůl

MATERIÁL

- červený ubrousek z vlizelínu velký 40,5 x 40,5 cm
- zbytek bílého tvrdého papíru

1 Rozložený ubrousek položte před sebe a svisle jej přeložte (nákres 1).

2 Levou a pravou horní špičku přeložte přes střed (nákres 2).

3 Pod trojúhelníkem ubrousek přeložte znovu nahoru, větší díl pak přeložte znovu dolů (nákresy 3 a 4).

4 Strany ubrousku přeložte na svislých liniích směrem dovnitř tak, aby vznikl kmen stromu (nákres 5), příp. jej můžete opatrně sežehlit.

5 Hvězdičky vystřihněte podle předlohy z tvrdého papíru a připevněte na stromek.

TIP: 

Místo hvězd můžete také nalepit lepicí páskou malé čokoládové bonbony.

předloha hvězda

Pro romantiky

→ italský večer ve dvou

MATERIÁL

- červený ubrousek z vlizelínu velký 30 x 30 cm
- zbytek červeného tvrdého papíru
- zelená saténová stužka široká 3 mm dlouhá 1 m
- čerstvá větvička rozmarýnu dlouhá 30 cm
- modelářský nůž
- děrovací kleště

1

2

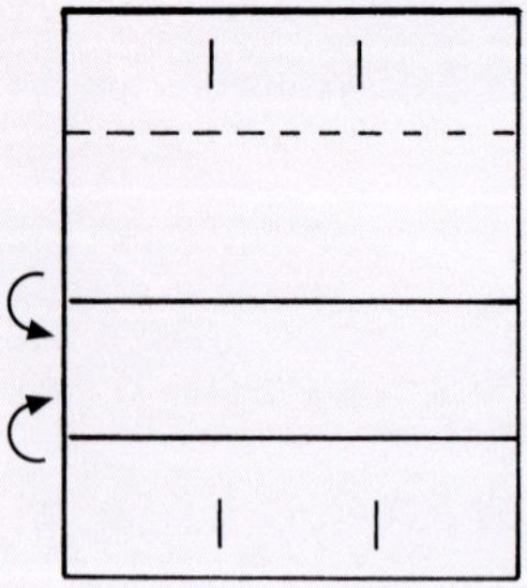

1 Rozložený ubrousek položte před sebe, uprostřed jej přeložte směrem dolů, po stranách jej složte a postavte jako trojúhelník (nákresy 1 a 2).

2 Modelářským nožem na obou stranách do něj udělejte dva zářezy dlouhé 1 cm (ubrousek proto ještě jednou rozevřete) a dírkami pak provlékněte větvičku rozmarýnu.

3 Z tvrdého papíru vystřihněte podle předlohy dvě červená srdíčka, proděrujte je a na koncích stužky je zauzlujte. Srdíčka podle přání popište a saténovou stužku připevněte na větvičku rozmarýnu.

TIP:

Místo větvičky rozmarýnu můžete zářezy protáhnout růži.

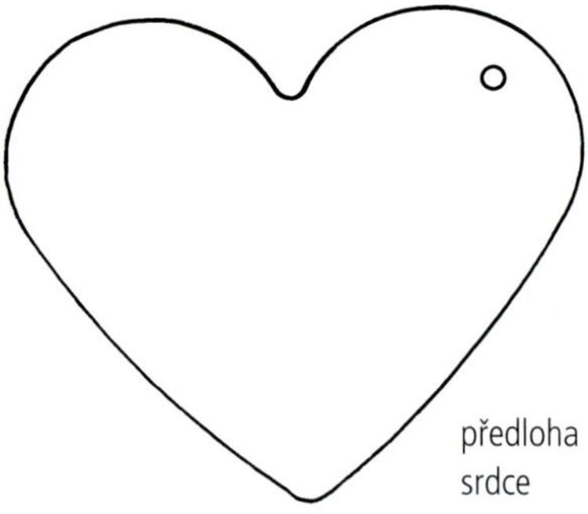

předloha srdce

MEZZO
Pro tebe
Mám tě rád

1

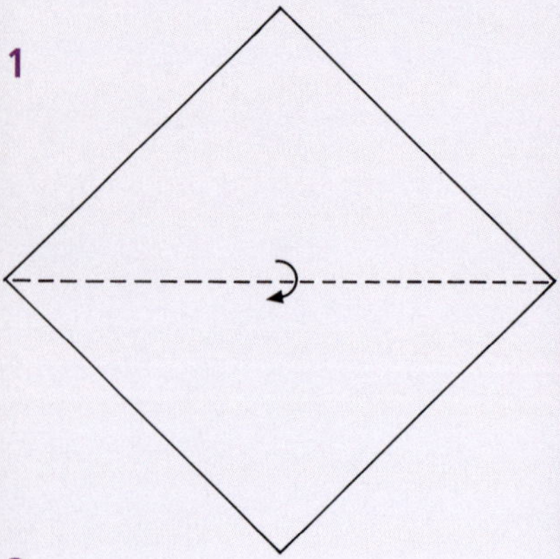

2

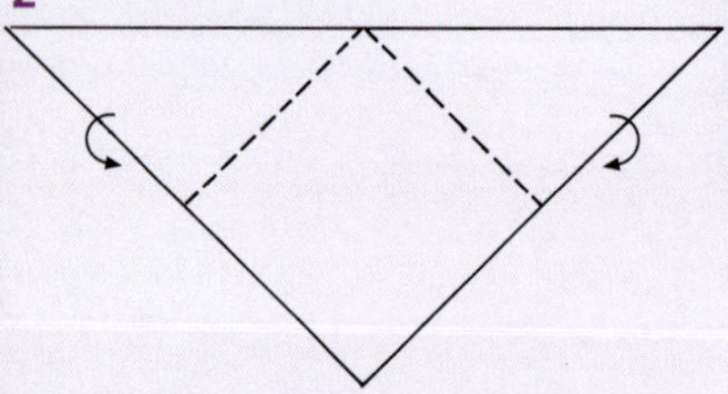

3

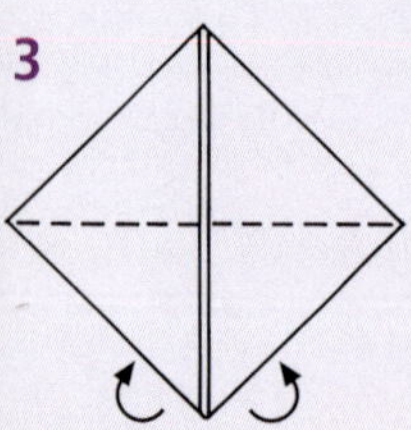

4

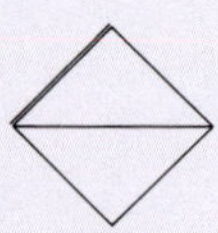

5

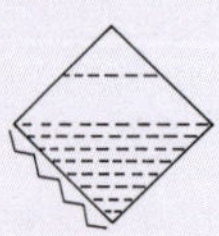

6

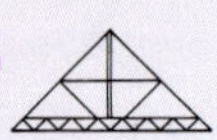

Jemný motýlek

→ **nádherný**

MATERIÁL

- světle fialový papírový ubrousek velký 33 x 33 cm
- zbytek růžového a růžového se vzorem pergamenového papíru
- stříbrný drátek silný 1 mm
- 2 bílé voskové korálky o ∅ 4 mm
- 2 bílá peříčka
- stříbrný miniaturní kolíček velký 2,5 cm x 8 mm

1 Rozložený ubrousek položte před sebe tak, aby jedna špička ležela před vámi. Pak jej přesně uprostřed přeložte směrem dolů (nákres 1).

2 Vnější špičky přeložte směrem dolů tak, aby se ve středu setkaly. Vznikne tak čtverec otočený špičkou k vám (nákres 2).

3 Dvě dole ležící špičky přeložte nahoru a ubrousek obraťte (nákresy 3 a 4).

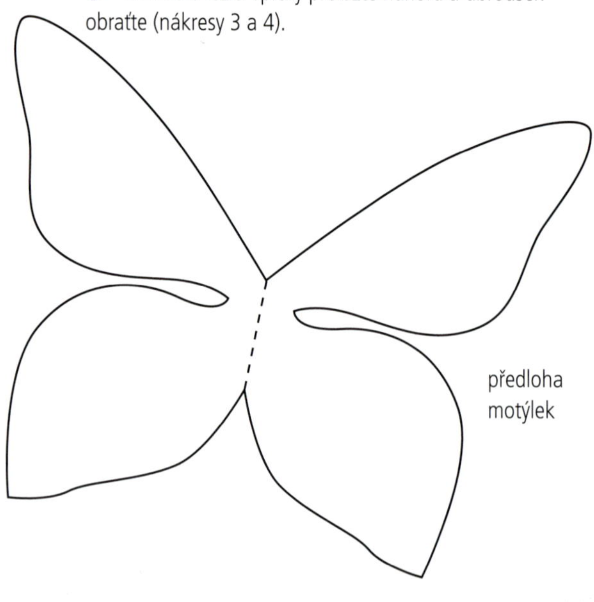

předloha motýlek

4 Spodní trojúhelník poskládejte až ke středu jako harmoniku (nákres 5).

5 Horní trojúhelník přeložte směrem dolů do středu a položte na něj část poskládanou jako harmoniku (nákres 6).

6 Pak připevněte motýlka.

7 Na motýlka vystřihněte křídla jednou z růžového pergamenového papíru a jednou z pergamenového papíru se vzorem a nalepte je na sebe. Mezi ně vlepte peříčka a jako tykadla kousky stříbrného drátku dlouhé 1,5 cm. Na konce drátků nalepte stříbrný korálek. Hotového motýlka nakonec nalepte na kolíček.

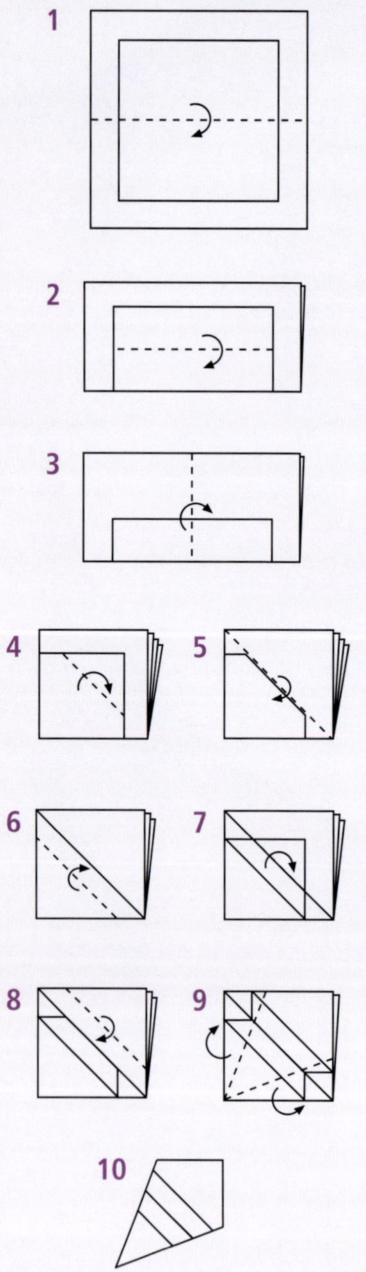

Kapsa ze dvou ubrousků

→ **zajímavá**

MATERIÁL

- bílý ubrousek z vlizelínu velký 40,5 x 40,5 cm
- papírový ubrousek s květinovým vzorem velký 33 x 33 cm

1 Papírový ubrousek položte doprostřed ubrousku z vlizelínu a oba ubrousky přeložte uprostřed směrem dozadu (nákres 1).

2 Nahoře ležící papírový ubrousek přeložte vpředu ještě jednou v polovině dolů (nákres 2).

3 Oba ubrousky pak přeložte ještě jednou směrem doprava (nákres 3). Všechny otevřené strany leží vpravo nahoře.

4 Špičku papírového ubrousku přeložte směrem dovnitř (nákres 4).

5 Horní vrstvu ubrousku z vlizelínu přeložte směrem dolů (nákres 5) a pak jeho špičku ještě jednou ke středu (nákres 6).

6 Špičku pak přeložte přes hlavní úhlopříčku směrem dovnitř (nákres 7).

7 Horní vrstvu ubrousku z vlizelínu přeložte směrem dolů a špičku zastrčte pod již ohnutý díl (nákres 8).

8 Levou a pravou stranu ubrousku přeložte dozadu tak, aby vznikl kornout (nákresy 9 a 10).

TIP:

Do kapsy můžete vložit také kytku příp. sladké překvapení pro hosty.

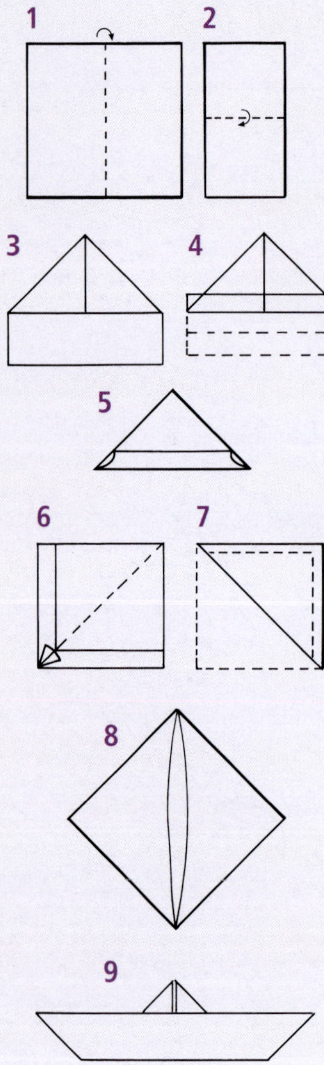

Lodička z ubrousků

→ i děti mohou pomoci

MATERIÁL NA JEDNU LOĎKU

- modrý papírový ubrousek velký 33 x 33 cm
- zbytek bílého papírového ubrousku
- špejle
- zbytek bílého tvrdého papíru
- bílá saténová šňůrka silná 3 mm dlouhá 20 cm
- malá tabulka čokolády
- univerzální lepidlo

1 Rozložený ubrousek položte před sebe. Nejprve jej přeložte uprostřed směrem doprava (nákres 1) a pak zase dolů (nákres 2). Otevřené strany z takto vzniklého čtverce ukazují nyní všechny dolů.

2 Pravý a levý horní roh složte ke středu tak, aby vznikly dva stejně velké trojúhelníky (nákres 3).

3 Spodní díl ubrousku jak na přední, tak na zadní straně přeložte dvakrát směrem nahoru (nákres 4).

4 Špičky přeložte buď dopředu, nebo dozadu (nákres 5).

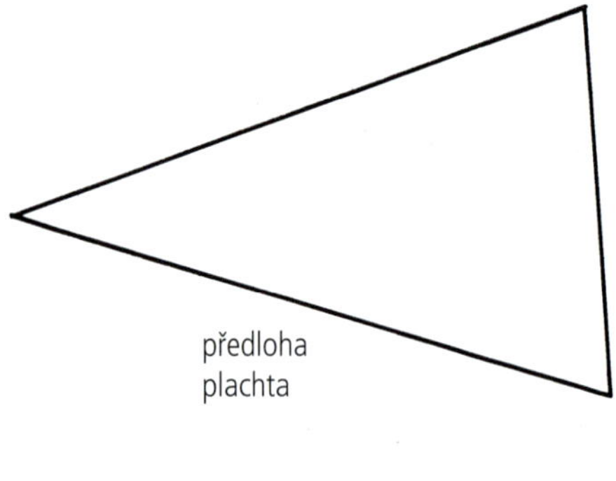

René
Jana
Eva

POKRAČOVÁNÍ

Lodičky z ubrousků

5 Ubrousek otočte a špičky ve středu zasuňte do sebe. Ubrousek se otvírá uvnitř a můžete jej znovu uzavřít jako trojúhelník (nákres 6).

6 Otevřenou špičku na každé straně přeložte nahoru - vznikne tak trojúhelník (nákres 7).

7 Špičky držte pevně a roztáhněte je. Ve středu se zvedne jeden malý trojúhelník (nákresy 8 a 9).

8 Špejli zkraťte na 7 cm a podle předlohy vystřihněte plachtu z tvrdého papíru. Na ni pak napište jméno a špejli opatrně zastrčte do loďky z ubrousku.

9 Do jednoho malého kousku ubrousku zabalte kousek čokolády a saténovou šňůrkou jej převažte jako balíček. Delší konec šňůrky vlepte ze strany do skladu v loďce.

V japonském stylu

→ jednoduché, ale působivé

MATERIÁL

- bílý ubrousek z vlizelínu velký 40,5 x 40,5 cm
- 2 čerstvé listy trávy ostřice

1

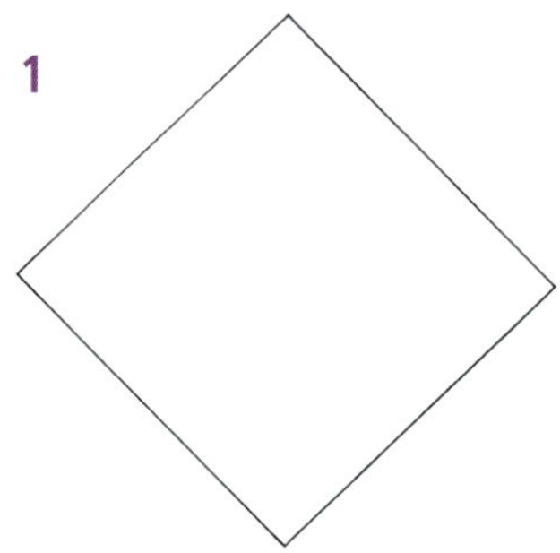

1 Rozložený ubrousek položte před sebe tak, aby špičkou ukazoval dolů. Ubrousek pak zleva doprava srolujte (nákres 1).

2 Kolem ubrousku omotejte jeden list trávy ostřice, druhý list pak podélně zasuňte pod první.

© frechverlag, Stuttgart, Germany, 2005. Z německého originálu Sieglinde Holl (s. 4/5, 8 - 27, 32/33, 34 - 39, 42/43, 44/45) a Roswitha Oehler (6/7, 28/29, 30/31, 46 - 48): Servietten falten. Překlad © Petra Langrová, redakce Jan Machač, litografie AMOS repro, spol. s r.o., Ostrava, vytiskla Tiskárna Grafico, Opava. České vydání © Nakladatelství Anagram s.r.o., Přemyslovců 832/50, 709 00 Ostrava-Mariánské Hory, v roce 2007, www.anagramsro.cz.

Báječné nápady pro každého

TOPP 2609

TOPP 3359

TOPP 3394

TOPP 3434

TOPP 3453

TOPP 3498

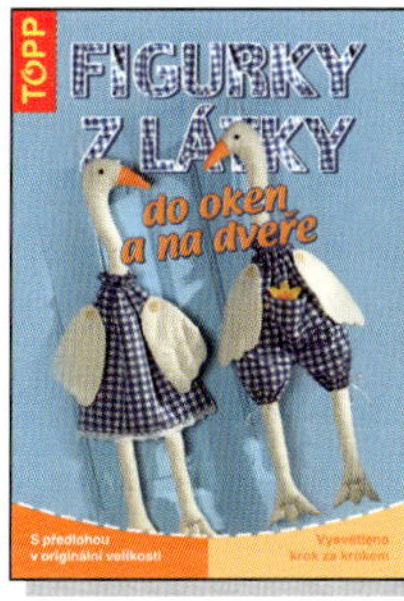

TOPP 3534

TOPP 3548

TOPP 3558

TOPP 5650

TOPP 5655

TOPP 6617

K DOSTÁNÍ U VŠECH KNIHKUPCŮ A V HYPERMARKETECH!

Informace o všech titulech najdete na www.anagramsro.cz

TOPP

5247

Skládáme ubrousky 2

- Díky rafinovaně poskládanému ubrousku se stane každý stůl obratem ruky opravdovou slavnostní tabulí.
- Skládání ubrousků od jednoduchých klasických po nové náročnější způsoby.
- S přesnými popisy skládání, skicami, fotografiemi krok za krokem a cennými tipy – ubrousky jistě upoutají každého.

www.anagramsro.cz